FOR THE
HARD ONES

A LESBIAN PHENOMENOLOGY

tatiana de la tierra

Calaca Press, San Diego, Califas

Chibcha Press, Buffalo, Nueva York

Calaca Press, P.O. Box 620786, San Diego, Califas, 92162, U.S.A. Phone/fax: (619) 434-9036. Email: calacapress@cox.net. Internet: www.calacapress.com.

Chibcha Press, 266 Elmwood Avenue # 104, Buffalo, Nueva York, 14222. U.S.A. Phone: (716) 886-3499. Email: td6@buffalo.edu.

Printed on acid-free paper in the un-United States of America.

Cover and book design by tatiana de la tierra & Kim Meyerer. Cover painting "Smoking Prayer" © 2002 by Maya Gonzalez, www.mayagonzalez.com. Artwork for inside pages digitally adapted by Kim Meyerer from original artwork by Maya Gonzalez.

Edited by Patricia Pereira-Pujol.

First edition: November 2002.

"El arte de mariposear" was originally published in *Tongues*, issue Two, 2002.

"Soñando en lesbiano" and "Dime cómo tienes los labios y te diré quién eres" were originally published in *Poesía erótica lésbica: Compilación de la Primera Convocatoria*. Serie visibilidad. México, D.F.: Prensa Editorial LesVoz, 2000.

Cataloging-in-Publication data provided by the author.

de la tierra, tatiana, 1961-
        For the hard ones : a lesbian phenomenology = Para las duras : una fenomenología lesbiana / tatiana de la tierra. – San Diego, Calif. : Calaca Press ; Buffalo, N.Y. : Chibcha Press, 2002.
        80, 80 p. ; 20 cm.

        Text in English and Spanish on inverted pages.
        Includes bibliographical references (p. 75-79 in English segment ; p. 75-79 in Spanish segment)
        ISBN 0-9717035-2-3

Suggested Library of Congress subject headings:
        1. Lesbianism – Philosophy – Poetry. 2. Lesbians – Identity. 3. Lesbian erotica. 4. Coming out (Sexual orientation) I. Title. II. Title : Para las duras.

For the hard ones

they descended holding onto one another. it resembled a chain of shining steel, glittering in the midday summer sun. they seemed like buccaneers ready to strike, maelstroms, crystals, harsh winds

of quicksilver, they seemed

armor and swords of crystal. the chain came down from the ship like a garland of violets and acacias and anemones and roses and lilies of the valley crossing the air, slender like tiny autumn leaves. like gypsy women, they descended. like pirates without battles or cries of victory.

Albalucía Angel, *The Wanderers*

CONTENTS

THE
PHENOMENOLOGIES

BEING

you find them walking along on any sidewalk, sometimes seeming like the rest. or they may wear badges and starched uniforms, even colorful cardboard signs. yet regardless of their appearance, the eyes that scrutinize them know the image instantly, and in silence or out loud those eyes declare: lesbian.

but why are they lesbians?

why do clouds navigate the sky and why do dreamers wander on earth?

WHEN I SAY "I AM"

when I say that I am a lesbian I get ahead of those who refer to me by saying: she is. when I am what I am, I continue to be everything that I am: the one who eats grapefruits for breakfast, who never brushes her hair, who dances vallenatos, and who continues to be what she is.

the one who is but does not say "I am" can only be what she is when surrounded by others who also don't say that they are unless they are with each other.

the one who is and does not say "I am" can also be what she is by herself when there are no eyes around to scrutinize and label her.

still, it matters not that those who are do not say "I am" because in any case everyone else almost always knows that they are.

DREAMING OF LESBOS

I can enter the morning with traces of an eternal dream: to live on a planet of women. we sing in the fertile forest, caress on lavender hills, bathe beneath cascades of clear waters. and just like that, nude and wet, we mount each other's bodies. our desire is a whale that searches for calm in the depth of the sea.

I smell sex in my hair when I awaken.

the dream perfumes all of my days. I go to the post office and look for stamps with etchings of flowers and fruits so that I can send letters to the women who loved me in my sleep.

we are in a world that is not ours. what do we do with the dreams that touch our consciousness in the nude each night?

our planet of women is nothing more than a dream. who knows how many of us bathe in the woods or which ones of us have wings that let us fly with our flesh? it's not for anyone to know. fortunately, we always dream paradise, we make it ours. there, we find each other and live in our collective memory.

and so, I smell sex in my hair when I awaken.

THE ART OF BUTTERFLYING

lesbianism is an art form. one moment we are who we seem to be–a student, an anarchist, a housewife, a poet–and then we create that which seems to have nothing to do with who we were. we become mechanics, pagans, librarians, lesbians.

the transformations are more beautiful every time. we are butterflied women.

art brings a dimension to its spectators that, before art, was not experienced by those who do not admire the world beyond black and white. what appears to be reality is broken: the coffin is a pleasure cove; the apple a bomb; the eyeball, a mandala.

the deconstruction of common meanings opens the path to change. if the coffin is a pleasure cove, is death not welcome? if an apple is a bomb, should I have one for breakfast? if the eyeball is a mandala, does inner peace reside in the centers of our eyes?

change leads to evolution. the housewife becomes a radical lesbian separatist who becomes a pacifist, who becomes a mother, who becomes a housewife, who becomes an artist, who becomes an alcoholic, who becomes a truck driver, who becomes a father, who becomes a feminist, who becomes whoever else she wants to, until she decides, one day, to become a butterfly.

lesbian art requires no paint brushes on canvas. the rupture with identities that seemed forever real and true is sufficient for butterflying. by re-creating who we were and re-naming who we are, we let go of what would have been and become another invention of ourselves.

the transformations are more beautiful every time. we are butterflied women.

A LESBIAN, BY PARTS

the hands: representing pleasure, they should invite with soft-ness and shine. the style and décor of the nails depends on intimate desires; lesbians unite through the finger nails.

the look: captivating–they look directly inside and penetrate each other. lesbian eyes contain the history that is never spo-ken and so they can ask questions and receive answers with-out a word.

the walk: confident–each step has a predetermined purpose. they could be barefoot or wearing flip-flops or high-heeled boots. in any case, lesbians make the earth thunder beneath their feet and are feared by many who encounter them on the way.

the dress: they say that some lesbians dress in a way that belongs to others. but since they are the owners of them-selves, anything lesbians wear qualifies as lesbian attire: translucent wings, ripped jeans, executive suits, parachute pants, Calvin Kleins, hoop skirts, strap-ons. lesbians dress as they please.

the fingers: classified as vital organs.

all of these parts can exist apart from one another, but they all have to be present to form part of a lesbian.

THE WOMAN AND THE LESBIAN: THE BODY AND THE SOUL

there is much talk, in the schools where lesbianism is learned, of the difference between a woman and a lesbian.

but aren't all lesbians women? and although all women are not lesbians, isn't it possible that any woman could become a lesbian?

and given that there are women who are lesbians, how do you differentiate between these lesbians (who are women) and women (who are or are not lesbians)?

things get complicated when the terms used are not "woman" and "lesbian" but rather "woman" and: womon, dyke, mack daddy, bulldagger, gay, butch, queer, femme, family, patlache, lipstick lesbian, top, bottom, girlie girl, combat femme and many other words that suggest that a lesbian is not a woman.

but what is a "woman"? according to the dictionary: *Female, person of the feminine sex of the human species. 2. Adult person of the feminine sex of the human species. 3. Wife.*

like women, lesbians are females and belong to the feminine sex.

lesbians can also be wives of lesbians or of non-lesbians. a lesbian can be owned, if she chooses to be, if it is her desire. likewise, lesbians can also be husbands, owners of women, of their "woman." and so, like women, a lesbian can be a wife, and, unlike women, a lesbian can have a wife.

a "lesbian": *Female homosexual.*

a "homosexual": *Said of a person who feels sexual attraction for individuals of the same sex.*

it is clear that all lesbians are, by definition, women. yet there are tremendous differences between women and lesbians that will never be found in a dictionary!

it is enough to say that lesbians have the body of a woman, yet the soul of a lesbian.

and so it is that lesbians are women but, mostly, lesbians are lesbians.

THE "OTHERS" OF US

there are "women" who were born "female" who are "lesbian" "women."

there are "women" who were born "female" who are non-"feminine" "lesbians."

there are "women" who were born not-"women" who became "women" and are "lesbians."

there are "lesbians" who were born "female" and who became not-"women" (and continue being "lesbians").

there are "women" who baptize themselves as "lesbians" who are also non-"lesbians."

there are "women" who are almost "lesbians"—they fantasize about being with "women" and they experiment, to no avail; they are not capable of being "lesbians."

there are "lesbians" who are Lesbians.

PATHWAY TO LESBIANISM

the path to lesbianism implies the renunciation of the path that was already written. everything that you should be and do is replaced with what strikes your fancy.

being a lesbian is a changing of the hands of power. it is true that the power is always ours but many times we allow others to manage it for us. a lesbian reclaims her power.

the ceremony of initiation is a wedding with oneself. walk toward the altar, alone and dressed with the gown of your skin. with each step you leave behind the destiny that was never your own and you get close to that which will be of your making. detain yourself at the entrance to the door of lesbianism. promise to be faithful to yourself, kiss and embrace your own body.

that is how you enter lesbianism: naked and in love.

WHO IS THE ONE WHO SAYS "I AM"?

to speak the truth–I am a lesbian–is to name the imprint that being a lesbian leaves. as a consequence, there is no space for questioning. no one will ask: is she?

to silence or deny the truth is to leave a trail of lies. people will surely ask: is she?

distinguishing between the one who says "I am" and the one who says nothing at all is not as simple as it appears. the one who buys carnations in the supermarket for her lover is the same as the one who will receive them. one can declare what she is and the other can deny it, but in the act of flowers and love, they are the same: lesbians.

the one who receives the flowers remembers the anthuriums that grew in her aunt's garden when she was a child. they brought flowers to the cemetery on Sundays. she rubs the carnations in her face and remembers the anthuriums that tickled her under the nose as she walked across town with her aunt. half-way there, they stopped for snacks from the carts on the streets. what nostalgia! meanwhile, her lover awaits a kiss, a squeeze, and imagines the night of wine, music and passion that they will share.

they continue to be different with regard to what they reveal or hide, but in the act of sex and love, they are the same: lesbians.

the one who says she is claims her reality; the other, her infidelity to her lesbian self.

FORMS OF LESBIANS

being a lesbian is a choice. by opting for this identification you eliminate other possible forms. the absence of those other forms is what gives a lesbian form.

being a lesbian is a destiny. by accepting this fate you eliminate other possible forms. the absence of those forms is what gives a lesbian form.

lesbians draw their form with boundaries that they maintain at all hours, boundaries with impenetrable borders.

the lesbian form is the lost piece of the puzzle—the piece that will never fit, because lesbians do not fit in with the scenery of the other pieces.

this is why lesbians take form: because they belong to no one but themselves. they are their own property.

US AND THEM: REFERENCES

lesbians say: "they noticed," "they witnessed an embrace," "they saw that there was one bed for two women," "they know and we know that they know," "they don't want to know and we don't want to tell them."

these are references by us about them.

among lesbians we say: "we decided to love," "we pulled out our hairs," "we decided to prohibit."

these are references by us about ourselves.

US AND THEM: LAWS OF DESIRE

the ones who invent the laws, who own the press, who impose economic systems, who determine the procedures allowed with our bodies, who penetrate without permission, who judge—those are them.

the ones who follow every law, who have faith in the press, who limit themselves to systems that limit their economy, who do with their bodies only as allowed, who are passively penetrated, who let themselves be judged—those are them.

the ones who write their own laws, who publish their own words, who create their own way to economic survival, who do with their bodies as they wish, who choose to welcome penetration and to penetrate, who need no judge—those are us.

TELL ME HOW YOU DECORATE YOUR LIPS
AND I'LL TELL YOU WHO YOU ARE

some lesbians are hard.

they are the ones who wear the pants and never take them off. they are the dangerous ones. the butches. the ones who get on top. the ones who fuck. who bite. who penetrate. who dominate. the ones who everyone knows are dykes.

they are the most exciting. they know how to tune in to a woman's desire. they know how to speak to the breasts, how to persuade the nipples. they know the significance of each sound. they know how to caress and grab and eat. they know how to coax screams and calm anxieties. they know how to harden a clitoris and they know what to do with it once it's hard.

some lesbians are dolls.

they are the ones with matching plum lips and nails. they are the ones who are painted and perfumed. the feminine ones. the ones who like being on the bottom. who open themselves to be fucked. who long to be bitten, penetrated, dominated. the ones that not everyone knows are dykes.

they are the most excitable. they know how to submit to desire. they know how to speak with their tits, how to offer their nipples. how to calibrate each sound. how to let themselves be caressed, grabbed, eaten. they know how to scream and cry. they know how to let their clitoris harden and they know what to do with it once it's hard.

some lesbians are clay.

they are the ones who wear the pants and permit others to take them off. they are the sporty ones, the androgynous, the new generation. they are the ones who get on top and on the bottom too. the ones who fuck and get fucked. the ones who bite, penetrate, and dominate and give themselves over for the same. the ones who everyone suspects without being certain of what they are.

they are the most excited. they sing and dance desire. they speak tit to tit, buzz themselves nipple to nipple. they make sounds and caress and grab and eat each other simultaneously. they know how to scream and cry. they know how to let their clitoris harden and how to harden another one's clitoris, and they know what to do with them once they're hard.

ABOUT THE TONGUE

why not admit that the tongue is the lesbian mascot?

with the tongue you can say: "I'm going to eat you piece by piece."

with the tongue you can make: a platter between the legs, a direct connection between the body and soul, thunder and lighting at the base of the throat, a private dish, multiple orgasms, silence from the eye of the hurricane, a lesbian symphonic orchestra.

with the tongue you can say and make many more things, but why reveal them all?

information about lesbian linguistic deeds can be found, sublingual, in the Archives of the Tongue. the only ones who have access to these documents are the ones who are guided by the tip of their tongue.

it is thanks to the tongue that there are lesbians, but it is not only with the tongue that a lesbian is a lesbian.

PENETRATION

the lesbian who penetrates her woman runs the risk of getting lost inside; the internal sound of a volcano is a lullaby. how far can she enter?

the one who opens her legs for penetration also runs the risk of losing herself inside; she is held captive in liberty. how far can she fly?

this is how both of them are prisoners of penetration.

penetration is so powerful that it makes a strong woman cry; penetration demolishes skyscrapers, melts dead bolts, discovers truths.

penetration is a literary act. *The Doctrine of Sluts, The Law of Desire, A New Catechism for Open Legs* and *The Compass for Cuntal Calibration* have all been inspired by penetration.

penetration is a sacred act.

FINGERS

it is incredible that with only five fingers we are able to arrive at the articulation of all the sung words and almost every thought.

incredible that with just going from open to close, from the open mouth to the mouth that wants to be opened, we can give sound to feeling.

ahhh. . . . . . ohhhhh . . . . oooooooooooo. . . . . . . uuu-uuuuuuuuu. . . . . so few fingers and so many sounds.

within lesbians, small things are made larger.

the art of lesbianism is a question of opening and deepening.

NIBBLING

instructions:

first: stroll leisurely over the body of a lesbian who has already been devoured. free yourself of linear thoughts that impose reason on desire. intuit the demands of a cunt.

second: linger on the look, the perfume, the temperature, the silence, the wetness, the sticky moment.

third: notice how the nipples respond, how the mouth takes shape, how the fingers flutter, how the anus contracts, how the inner thighs invite.

conclusion: strolling with the calmness of a seasoned traveler over the skin of a lesbian who has already been devoured leads, inevitably, to further feasting.

FEELING AND LIVING

the ones who say that you need to "be" to believe describe the path opposite to the one that lesbians take.

the lesbian feels what she is and believes sufficiently in what she feels to "be."

if it were possible to "be" without feeling, we would never reach the discovery, or evoke the new vocabulary that is borne from "being."

the ones who think that first they "are" and later believe in what they are don't take into account that one does not exist apart from the feelings that accompany being. "being" without feeling implies existing without living. what is not felt is not lived.

there is only one way to exist: feeling.

OTHER PEOPLE'S FACES

the face of a person who sees a lesbian changes.

lesbians continue being the same, those who contemplate lesbians do not.

lesbians are observed by curious eyes, trailed by violent beams, or simply seen.

each person who sees a lesbian is marked: lesbians leave their footprint on other people's faces.

LESBIAN LITERATURE

lesbian texts are passed from hand to hand and mouth to mouth between lesbians. they are located on the skin, in the look, in the geography of the palms of the hands.

lesbian literature exists in pieces: in flyers, newsletters, maga-zines, chapbooks, bathroom stalls, notes, novels, e-mails, love letters, on tiny scraps of paper.

lesbian literature also exists in texts that don't seem to have anything at all to do with lesbians or literature: a customer copy of an American Express receipt, dinner for two at Café Aroma; a torn pack of Trojans that once housed bright red lubricated condoms; a box of Celestial Seasoning's raspberry zinger tea; a matchbook cover with "Lario's" on the outside and "call me soon, baby" on the inside.

lesbians live in houses with writings on the wall that indicate the way to lesbianism. these texts abound but they are offered only to lesbians; this is why lesbian literature seems scarce.

lesbian literature is the unwritten bestseller that all lesbians are reading, all the time: it consists of our every moment.

SO THAT I DON'T FORGET THE LESBIANS

all lesbians are made of women who return to themselves.

for self-identified lesbians, existing is not enough. they want to be present in the literature, on screen, on stage, in the body politic, in the research laboratories, in the doctrines of churches, in the icons of popular culture, in the recorded history.

lesbians insist on documenting their lesbianism.

lesbians persevere by repeating what they are: lesbians.

all lesbians are made of women who return to themselves.

LEAVING THE TRIBE

lesbians form a society apart.

in this society, we speak another language, worship our own deities or none at all, invent laws proper to ourselves.

we create our own version of paradise: circle upon green valleys, dance to undiscovered music, perfume the air with our wild scent.

we always find each other, always search for each other.

but not all of us can live in this world apart all of the time; sometimes we have to integrate ourselves into a society that is not ours and leave the tribe.

all lesbians who leave the tribe find a way to continue finding each other. we keep uniting, always.

the tribe is as large as all of us everywhere, a place that is not a place at all, yet our home just the same.

the tribe is each other, the only place where we belong: our sisterhood.

the tribe is where we always find each other, always search for each other: where we unite.

phenomenological
herstory

ON PHENOMENOLOGICAL HERSTORY

*For the Hard Ones: A Lesbian Phenomenology** was conceived in a classroom. I was in my first semester of graduate school in a bilingual creative writing program at the University of Texas at El Paso (UTEP). It was the fall of 1996 and I was taking a Mexican literature class, filling myself up with the likes of Carmen Boullosa, José Emilio Pacheco, Enrique Serna, Carlos Monsiváis, and Óscar de la Borbolla. I really dug these writers; they were witty, irreverent, and inspiring in unexpected ways. But I didn't like the main assignment for the class—to research literary criticism about a piece of contemporary Mexican literature and to write an in-depth survey of these critiques.

I am a writer, not a theorist, and I read literature as a writer. I don't care about anyone else's interpretation of the words that I read. Words come into me one by one, drop by drop. Some of them float in my own bloodstream for as long as they please. Some of them are instantly eliminated from my body and mind. I don't control them, in any case. I'll give any word a chance. May the most piquant word survive, may the most lyrical phrase resonate, may the most structured plot liberate.

I didn't want to read dull texts about literature. I wanted

to experiment with my own writings in Spanish—that was why I had selected UTEP for graduate school. I proposed a creative project to my professor, in lieu of a literary treatise. He wanted an abstract, which I gave him—"An Abstract Abstract." He wanted to know what exactly I would do, what text I would use, and how I would go about it. But I could not reveal such information. El profesor García finally gave me the green light; I would turn in the assignment on the last week of the semester, and he would have no idea of what it would consist of until that final moment.

I also had no idea of what I would come up with as a project for that class.

The Mexican literature I was reading was wonderful and completely new to me. I liked how Carmen Boullosa used a variety of writing styles in *La milagrosa* (*The Miraculous One*), including unidentified narrators, newspaper clippings, letters, transcripts, and prayers. I became instantly cozy with José Emilio Pacheco's narration in *Las batallas en el desierto* (*The Battles in the Desert*); while reading I thought I was recalling one of my own lives. I was envious of Enrique Serna's over-the-top perversity in *Amores de segunda mano* (*Second-Hand Loves*). I was in awe of Carlos Monsiváis' intelligent, complex, and profane *Nuevo catecismo para indios remisos* (*New Catechism for Lazy*

Indians). And Óscar de la Borbollas' *Las vocales malditas* (*The Wicked Vowels*)—never had I imagined how far you could stretch a vowel or the tales that a single vowel could tell.

And then there was Dante Medina's *Zonas de la escritura* (*Zones of Writing*), my least favorite text, the one written in a scientific tone, a most alienating piece of literature. *Zonas* consisted of thirty-eight observations, ruminations, theories, and equations about writing. Writing was presented as if from the perspective of a scientist in a laboratory, one who is splicing samples of syllables, who seeks to understand the molecular traces of words and the cosmic impact of punctuation. It was heady stuff and at times difficult for me to understand; Medina is a high-end word sorcerer and my level of Spanish was not up to par. Reading *Zonas* was a linguistic and literary challenge. I employed several dictionaries as I read the dense doctrine. When I was finally really able to "read" it, I became fascinated with Medina's wit. And somehow, this terrible text got under my skin, into my bloodstream, and into my creative process.

I began to lesbianize *Zonas de la escritura* as a creative writing experiment. I was just playing around. I wondered what would happen if I wrote about lesbianism the way Medina wrote about writing. I replaced literary concepts with my own lesbian concepts and voilà—*For the Hard Ones: A Lesbian*

Phenomenology was born. I had never heard of lesbianizing before, so I didn't expect anything in particular, but from the moment I began I thought the result was cool and perfect for my class project.

Initially, I stayed close to Medina's text; I mimicked his sterile approach, and at times copied the first few words from the piece, or began by lesbianizing the title. For instance, "La letra y el contenido, el cuerpo y el alma" ("The Words and the Content, the Body and the Soul") eventually became "The Woman and the Lesbian: The Body and the Soul." His piece, "Picotear" ("Nibbling") is about re-reading literature, while my "Nibbling" is about re-sexing a previously-devoured woman. But the more I lesbianized, the further away I went from Medina's original text. At some point, I began to use only a line or a title as inspiration. And finally, I wrote some pieces just because they wanted to be written.

Not all of the lesbianizing worked in the long run; twenty-two of them made it to this final stage. In the process I became tight with Dante Medina's *Zonas de la escritura* and came to appreciate the text more than I ever could have imagined. It was brilliant work, after all.

I wrote *For the Hard Ones* carefully, consulting more dictionaries and proofreaders than usual. It was a wonderful and gratifying process. I felt like I was making a discovery as I lesbianized. I enjoyed the game and the science of the experiment. And I was able to travel in my mind to that lesbian paradise that I carry within me. I could remember the first woman who enchanted me. She was standing outside, smoking, on the second floor of Miami-Dade Community College's Music Department. I stopped to look at her; she blew mentholated smoke in my face. She was a miniature goddess, and she had a spark. She became the first woman that I would love so. She and all the other fantastic women from my life accompanied me while I wrote this book.

For the Hard Ones was originally written In Spanish and entitled "Zonas de las lesbianas" ("Lesbian Zones"). It was my first significant writing in Spanish, as I had mostly been writing in English. It was critiqued in Luis Arturo Ramos' fiction workshop during my second semester at UTEP. I was irked by some of the comments in the workshop—some of my fellow graduate students were more intent on critiquing the philosophy behind my lesbian "manifesto," as it was called, than on the writing's texture and syntax. On the other hand, I was able to see that the lesbianized *Zonas* proved to be a great way to talk about lesbianism within an academic setting.

In the fall of 1997, I was invited to read on the prose

panel at the Second International Colloquium of Women's Creative Writing hosted by the Linguistic and Literary Studies Department of the Universidad Autónoma de Juárez. I crossed the border, from El Paso into Juárez, México for the event, and was surprised and horrified to discover that Dante Medina was a featured reader. What would he think of what I had done to his *Zonas de la escritura*? What if he was homophobic or a jerk? What if he disapproved of me for penetrating his scientifically-derived literary equations with my fist? I met him at the reception afterwards; he looked dashing in a long black cape. I was nervous. I had never used another author's work so intimately to create my own, and I needed his blessing. I swigged a shot of tequila and confessed my crime. He laughed. He seemed thrilled by the idea, and I promised to mail a copy of the manuscript to him in Mexico. Several weeks later, I got his seal of approval via e-mail.

Like many other things that I have written, *For the Hard Ones* got filed away for several years. I didn't know what to do with the phenomenologies, where to publish them. I didn't have an immediate Spanish-speaking lesbian audience for them. I was lonely in El Paso, far away from the tribe of women who were the protagonists of my fantasy.

In December of 1998 I rented a big wooden house in

Melrose, Florida, during the winter break. I went there to write for a few weeks. I wrote a few stories in Spanish and then translated them into English. I had never translated anything of mine before. Then, I translated my lesbianized *Zones* and read them to some old-time dyke friends in the area. The piece came to life again, this time in English. My translation is not exact, is not word-for-word. I was not able to render a precise translation and in some cases, I didn't want to. During my last semester at UTEP, in 1999, the English translation was discussed in a creative nonfiction workshop in the English department. I was never satisfied with the original title and sought suggestions. My professor, Leslie Ullman, gets the credit for the "lesbian phenomenology" in the title.

"For the Hard Ones" is another story. After graduating from UTEP with my MFA I moved to Buffalo, New York in the summer of 1999 to attend library school at the University at Buffalo. Again, the manuscript, along with many other creative projects, was boxed up while I became a librarian. The moment I could come up for air, I fished around for the phenomenologies; they had been put away, but I had never forgotten them. I revisited the manuscript and had it proofread over and over in preparation for publication. Once it was in a practically "perfect" state, I experienced an electronic catastrophe—my computer's hard drive was reformatted and all of my writings disappeared. I lost all the creative work I had done in Buffalo. I did have hard copies of most things, though, and some older versions of my work, including the phenomenologies, had been saved on disk. Again, I had to revise this manuscript and have it proofread over and over until I reached that state of perfection required for publishing.

But the title was still not quite right. Based on reactions from friends I could tell that "phenomenology" is a tricky word to have in a title—the academic connotation excites some and repels others. While I love academia and this book fits in nicely with women's studies and queer theory classes and the like, I wrote these phenomenologies for a lesbian audience—a Spanish-speaking lesbian audience, to be precise, since I did write them originally in Spanish. Thus, I modified the title so that the "phenomenology" was juxtaposed with the thrill of being a lesbian, a title that I thought covered all the bases: *Lesbian Phenomenology: A Poetic Fantasy*.

"For the Hard Ones" is the result of serendipity and friendship and late-night hours. I was looking at book covers on a computer monitor, sitting next to Kim Meyerer, the graphic artist. She had created dozens of designs for the cover and I was viewing them for the first time. I noticed that, in addition to the main title, Kim had placed "for the hard ones" on a few of the covers. This book is dedicated "for the hard ones," and I thought she had accidentally copied and pasted the first few words of the manuscript onto the cover. But it was no accident. "I just liked it," she said. She was playing around. She sprinkled it on, for flavor perhaps. Then Kim's girlfriend walked in and looked at the computer monitor.

"For the hard ones," said Garland. "That should be the title." Kim selected the title and replaced it with "FOR THE HARD ONES." Something clicked. It looked awesome and felt right-on. But it was after midnight and I wasn't convinced that it would work in Spanish in the same way, so I slept on it. It continued to feel right. I realized that *For the Hard Ones* is what these phenomenologies are all about. "The hard ones" is a discovery I made that ultimately led me to myself. "The hard ones" transformed me, shaped me, and continue to inspire me. "The hard ones" is what turns me on, keeps my interest. As a title, "For the Hard Ones" is provocative, edgy, right on, and here to stay.

I don't know how to classify this work. It has been referred to as poetry, as prose, as poetic prose, as creative nonfiction, as a manifesto, as a lesbian constitution, as a collection of aphorisms, as wishful thinking. But I don't have a need to categorize it. *For the Hard Ones: A Lesbian Phenomenology* explores different aspects of lesbianism, from fingernails to philosophy. It is serious and playful and visionary. It is a poetic fantasy from the heart of the matriarchy. It is not a definitive document. It is one that will continue to take shape. And hopefully, it will journey under the skin, in the bloodstream, of those who need it most.

tatiana de la tierra
14 de septiembre de 2002, buffalo, nueva york

* written 25 de novembre de 1996, el paso, tejas.
translated into english 20 de diciembre de 1998, melrose, florida.

AN ABSTRACT ABSTRACT

it may be a damned miracle, a pink zone, a battle of rights, an outdated version of the ABCs for spoiled girls, or a woman with a spider on her chest. it could also be none of these things. with the power of my poetic rights I declare: no one enters this jungle. this is how one plays hide-and-seek with an abstract abstract. the result of the creative process will be revealed when spider woman has completed the unnamed knitting project.

ABOUT THE AUTHOR: TATIANA DE LA TIERRA

Born in Villavicencio, Colombia, América del Sur, on 14 de mayo de 1961.

Was sweet and loving and content.

Emigrated to Mayami, Florida in 1968.

Became an angry girl soon thereafter.
Became a rock'n'roller and a pothead.

Graduated from South Dade Senior High, Homestead, Florida in 1979.

Became a hippie.

Graduated from Miami-Dade Community College with an Associate in Arts in 1981.

Fell in love with a wild woman.
Became a wild woman.

Graduated from the University of Florida in Gainesville with a Bachelor's in Psychology in 1984.

Became a man-hating lesbian.
Became a massage therapist.
Became a pawnbroker.
Became a gypsy.
Became a combat femme.

Became an editor.
Became an activist.
Became a salsera.
Became a hedonist.
Became a writer.
Became poor.

Became a citizen of the United States of America in 1995.

Was still pissed off.

Graduated from the University of Texas at El Paso with a Masters of Fine Arts in Creative Writing in 1999.

Became a teacher.
Became a writer with credentials.
Became a pornographer.

Graduated from University at Buffalo with a Masters in Library Science in 2000.

Became a librarian.

And the moral of this story is: One angry girl can become whatever the fuck she wants.

ABOUT THE ARTIST: MAYA GONZALEZ

queer
river femme freak
fire Chicana
travels
standing in the same spot
painting
ecstatic prayer
sky opening
lessons
haunts
painting
up and out
painting
San Francisco silence.

"Smoking Prayer" is a painting about ritual that uses the ancient meaning of smoke as teacher. "It was drawn from my life and is one of the only pieces I've ever done that looks like me—that is my real tattoo. It reminds me that I am physical and spiritual at the same time. That I am sky and plant learning to be free through fire. It is a power piece, reminding me of who I am and what I'm doing here."
                                                              -- Maya Gonzalez

www.mayagonzalez.com

VERY SPECIAL THANKS

To my proofreaders and literary advisors: Martha Treviño, Beatriz Arellano, Margarita Castilla, Roberto Tejada, Luis Aguilar-Moreno, Lorna Perez, Hector García, Flora Maria Uribe, Jaime Riascos, Roberto López, Olga García, and fellow graduate students in creative writing workshops from the Spanish and English departments at University of Texas at El Paso.

To friends who contributed valuable opinions about titles, text, and design during the making of this book: Juana Maria Rodriguez, Ernesto Martínez, M. Renee Prieto, Carmen Corrales, Alex Flores, Alma Lopez, Masani Alexis De Veaux, Aprille Nace, Marcia Ochoa, and the bad-ass writers from The Beauty Salon.

To my professors at UTEP: Fernando García Nuñez, Luis Arturo Ramos, and Leslie Ullman.

To Dante Medina, author of *Zonas de la escritura* (*Zones of Writing*, Jalisco, México: Universidad de Guadalajara, 1994), for the inspiration.

To Albalucía Ángel, author of *Las andariegas* (*The Wanderers*, Barcelona: Editorial Argos Vergara, 1983), for the enchantment.

To Maya Gonzalez for the artwork.

To Kim Meyerer for the graphics.

To Garland Godinho and Kim Meyerer, for "for the hard ones."

To Patricia Pereira-Pujol, for the editing.

To Judith Hopkins, for assistance with cataloguing.

To the best librarians in the world at University at Bufffalo's Undergraduate Library, for the solidarity.

To Andres Tangarife and Gloria Tangarife, for being my family.

To my mom, Fabiola Restrepo, for giving me the permission to be myself.

To my brother, Gustavo Alberto Barona, for sponsoring my international lesbian activities when I was broke and for always being the coolest bro.

To Manu, the electric man, for the cyber fantasy.

To all the women who loved me and put up with me all of these years, for that which has no name.

To the Chibchas, to my ancestors, to my grandmothers, and to Colombia, for the fortune.

To Margarita Castilla, for the muse.

To the Beauty Salon, for the joy.

To Ochún, for the pleasure.

ADDITIONAL WRITINGS BY TATIANA DE LA TIERRA: A SELECTED BIBLIOGRAPHY*

"Achy Obejas: She Came All the Way from Cuba so She Could Write Like This." *conmoción* 1 1995: 12-13.

"Activist Latina Lesbian Publishing: *esto no tiene nombre* and *conmoción*." *Aztlán* 27: 1 (2002): 139-178.

"Aliens and Others in Search of the Tribe in Academe." *This Bridge We Call Home: Radical Visions for Transformation.* Ed. Gloria Anzaldúa and AnaLouise Keating. New York: Routledge, 2002. 358-368.

"Andres." *The Fountain* May 1993: 44.

"Argentina: Lesbian Visibility." *Ms.* May-June 1991: 16.

"Azúcar y Crema: Some Spicy Salsa." *Deneuve* Jan.-Feb. 1994: 14-16.

"El baile." *Herotica* 7. Ed. Marcy Sheiner and Mary Anne Mohanraj. San Francisco: Down There Press, 2002. 39-48.

"El bautizo." *Poesía erótica lésbica: Compilación de la Primera Convocatoria.* Serie visibilidad. México, D.F.: Prensa Editorial LesVoz, 2000.

"Big Fat Pussy Girl." *The Vagina Dialogues: A Queer Review.* Compact disc. Buffalo: Hag Theatre, 2001.

"Birth Smell." A review of Cherríe Moraga's *Waiting in the Wings*. *The Lesbian Review of Books* Summer 1998: 22.

"Blood on the Roses." *Flyway Literary Review* 5.3 (2000): 79-82.

"Bringing Myself with Me." *Outlines* Nov. 1993: 40.

"Carmelita Tropicana: Her Kunst is Her Waffen!" *conmoción* 1 1995:

31.

"Casamiento." *Raza Spoken Here* Volume Two. Compact disc. San Diego: Calaca Press, 2000.

"Celestial Bodies." *Gynomite: Fearless Feminist Porn*. Ed. Liz Belile. New Orleans: New Mouth from the Dirty South, 2000. 36-42.

"Cherríe Moraga: Cultural Activist, Writer & Mom". *conmoción* 1 1995: 6-7.

"Chocolate." *Perra! La Revista* Nov. 1995: 14-15.

"Chocolate Cake." *The Second Coming*. Ed. Pat Califia and Robin Sweeney. Los Angeles: Alyson, 1996. 306-310.

"Coming Out and Creating Queer Awareness in the Classroom: An Approach from the US-Mexican Border." *Lesbian and Gay Studies and the Teaching of English: Positions, Pedagogies, and Cultural Politics*. Ed. William Spurlin. Urbana: National Council of Teachers of English, 2000. 168-190.

"Cuéntame: una charla anónima." *Confidencial* Nov.-Dec. 1993: 13-14.

"Dancing with Daisy." *Gynomite: Fearless Feminist Porn*. Ed Liz Belile. New Orleans: New Mouth from the Dirty South, 2000. 30-35.

"De Ambiente." *Compañeras: Latina Lesbians*. Ed. Juanita Ramos. New York: Routledge, 1995. 86-87.

"El día que aprendí a rezar." *esto no tiene nombre* 1.3 Spring 1992: 12.

"Eye of the Hurricane." *Pillow Talk II: More Lesbian Stories Between the Covers*. Ed. Lesléa Newman. Los Angeles: Alyson, 2000. 93-104.

"From the Republic of Generación Ñ." *Cantos al Sexto Sol: An Anthology of Azlanahuac Writings*. Ed. Cecilio Garcia Camarillo, Roberto Rodriguez, and Patrisia Gonzales. San Antonio: Wings Press, 2002. 247-250.

"The Gift." Translation of "El regalo" by Fabiola Restrepo. *Out in All Directions: The Almanac of Gay and Lesbian America*. Ed. Lynn Witt, Eric Marcus and Sherry Thomas. New York: Warner, 1995. 311-312.

"The Home That Is a Shadow in My Soul." *Chasing the American Dyke Dream: Homestretch*. Ed. Susan Fox Rogers. San Francisco: Cleis, 1998. 201-207.

"Jail Time for Beginners." *Women on the Verge: Lesbian Tales of Power and Play*. Ed. Susan Fox Rogers. New York: St. Martin's, 1999. 153-162.

"Juego." *The Second Coming*. Ed. Pat Califia and Robin Sweeney. Los Angeles: Alyson, 1996. 224.

"Latin American Lesbian-Feminists Together in México." *Visibilities* Sep./Oct. 1988: 8-11.

"A Latina Lesbian Activist's Survival Guide–o mejor dicho, activism de-mystified, de-glorified and de-graded." *Latino Heretics*. Ed. Tony Diaz. Normal, IL: Fiction Collective Two, 1999. 64-74.

"A Latina Lesbian Combat Femme." *The Femme Mystique*. Ed. Lesléa Newman. Boston: Alyson, 1995. 133-135.

"Latina Lesbian Literary Herstory: From Sor Juana to *Days of Awe*." *The Power of Language: Selected Papers from the 2nd REFORMA National Conference*. Englewood, CO: Libraries

Unlimited, 2001. 199-212.

"Latina Lesbians in Motion." *The New Our Right to Love: A Lesbian Resource Book*. Ed. Ginny Vida. New York: Touchstone, 1996. 225-229.

"A Lesbian Journey Through the Fog." *Viva Arts Quarterly* 1995: 15-16.

"A Letter from Colombia, Written in the Sand." *El Andar* Winter 2000-2001: 43-45.

"Mercedes Sosa Wins." *New Times* Oct. 1991: 62+.

"The Music of Ana Gabriel." *Colorlife!* Oct. 1992: 20-21.

"Neurotic Love Letters." *Between Us*. Ed. Kay Turner. San Francisco: Chronicle. 1996: 88-89.

"Never." *Queer View Mirror: Lesbian and Gay Short Fiction*. Ed. Karen X. Tulchinsky and James Johnstone. Vancouver: Arsenal Pulp, 1996. 80.

"Oh Beautiful America." *The Graduate Quill* Oct. 2001: 11.

"Palabras." *Viva Arts Quarterly* Spring/Summer 1994: 19-20.

"Politics, Pleasure and Latinas at Michigan." *Lesbian Contradiction, A Journal of Irreverent Feminism* Sept. 1992.

"El Power y la Palabra," *Utah Foreign Language Review* (1997): 91-94.

"Prisoner of Hope: Gustavo Álvarez Gardeazábal." *El Andar* 12.1 Spring 2001: 50-53.

"Rebirthing." *Journal of Internal Medicine*. 13.9 (1998): 650-653.

"Sebastian." *Mid-American Review 21.1* (2001): 56-62.

"Seis maletas." *Raza Spoken Here* Volume Two. Compact disc. San Diego: Calaca Press, 2000.

"True Cunt Stories." *Hot & Bothered: Short Short Fiction on Lesbian Desire.* Ed. Karen X. Tulchinsky. Vancouver: Arsenal Pulp, 1998. 128-130.

"La Violencia." *Cimarron Review* 125 (1998): 27-37.

"Weave-talk." Co-written with Amy Concepcion. *Sinister Wisdom* Winter 1993-1994: 9-13.

* Most of the titles on this list are essays and fiction stories in English; a few are poems, a few are interviews, and two are recordings.

So that I don't forget the lesbians.

descendieron prendidas la una de la otra. parecía una cadena de acero rutilante, brilloso con el sol que era de mediodía y de verano. parecían bucaneras al asalto. vorágines, cristales, vientos

abrasadores azogue, parecían

armaduras y espadas de cristal. la cadena bajaba de la nave como guirnalda de violetas y acacias y anémonas y rosas y lirios de los valles cruzando el aire gráciles como hojitas de bosques en otoño. como gitanas, descendían. como filibusteras sin batallas ni gritos de victoria.

Albalucía Angel, *Las andariegas*

CONTENIDO

LAS
FENOMENOLOGÍAS

SER

no hacen falta los agujeros para encontrarlas. por cualquier andén pasan, a veces pareciéndose a cualquiera. también lucen de uniforme planchado con un emblema declaratorio. pero sin importar la facha, los ojos que las detallan conocen la imagen al instante y en silencio o en voz alta las declaran: Lesbianas.

pero ¿por qué son lesbianas?

esa respuesta es bien fácil. ¿por qué navegan las nubes por el cielo y las soñadoras por la tierra?

CUANDO SE DICE "SOY"

cuando digo que soy lesbiana me adelanto a los que, al referirse a mí, dicen: "es". al ser lo que soy, también sigo siendo todo lo que soy: la que desayuna con toronjas, la que no se peina nunca, la que baila vallenatos y la que sigue siendo lo que es.

la que "es" pero no dice "soy" nada más puede ser lo que es cuando está rodeada de otras que posiblemente tampoco dicen lo que son salvo cuando están entre ellas mismas.

la que "es" pero no dice "soy" también puede "ser" lo que es cuando está sola, cuando no hay ojos para detallarla y declararla.

claro que no importa si las que son no dicen "soy" porque igual casi siempre se sabe que son.

SOÑANDO EN LESBIANO

puedo entrar a la mañana con los rasgos del sueño eterno: vivir en un planeta de mujeres. es puro canto y caricias sobre lomas lilas y bosques fértiles. nos bañamos bajo cascadas de aguas claras, y así, desnudas y mojadas, nos montamos las unas a las otras. nuestro deseo es una ballena que encuentra la calma en lo profundo del mar.

huelo sexo en mi pelo al amanecer.

el olor del sueño me perfuma todos los días. voy al correo a buscar estampillas con dibujos de flores o frutas para enviar cartas a las mujeres que caminaron conmigo sobre suelos de musgo húmedo.

estamos en un mundo que no es nuestro. ¿qué hacemos con los sueños que juegan en la subconciencia cada noche?

puede ser que nuestro planeta de mujeres sea no más que un sueño. ¿pero quién dice que las imágenes de las noches no son tan reales como las de los días? nadie sabe cuántas nos bañamos en los bosques ni quiénes volamos con el cuerpo abierto. y no es para que lo sepan. afortunadamente, el paraíso siempre lo soñamos, lo hacemos nuestro. ahí nos encon-

tramos y vivimos un recuerdo colectivo.

entonces, huele a sexo mi pelo al amanecer.

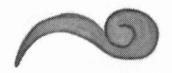

EL ARTE DE MARIPOSEAR

las lesbianas somos un arte. en algún momento somos las que aparentamos ser—estudiantes, anarquistas, amas de casa, poetas—y en otro somos un reinvento que no tiene nada que ver con lo que éramos. nos hacemos mecánicas, paganas, bibliotecarias, lesbianas.

las transformaciones son cada vez más bellas. somos mujeres mariposeadas.

el arte lleva a los espectadores a una dimensión que, antes del arte, no se conocía por los que no admiran el mundo más allá del blanco y el negro. lo que parecía ser la realidad se deshace: el ataúd es una cueva de placer, la manzana es una bomba, el globo del ojo es una mandala.

la deconstrucción de los significados comunes y corrientes le abre camino al cambio. si el ataúd es una cueva de placer ¿no será bienvenida la muerte? si una manzana es una bomba ¿debería consumir una en el desayuno? si el ojo es una mandala ¿será que la paz interna se encuentra en los centros de los ojos?

este cambio es lo que conduce a la evolución. el ama de casa

se convierte en una lesbiana radical separatista, y ésta se vuelve pacifista, luego se hace madre, se reinventa artista, deviene en alcohólica, se torna camionera, se vuelve padre, se rehace feminista, se hace quien sea que quiera hasta que ella decide, algun día, hacerse mariposa.

para el arte lesbiano no se requieren pinturas ni pinceles ni marcos ni telas. la ruptura con identidades que parecían eternas es suficiente para mariposear. con re-nombrar lo que fue y será, se acaba con lo que era y hubiera sido.

las transformaciones son cada día más bellas. somos mujeres mariposeadas.

UNA LESBIANA, POR PARTES

las manos: representan el placer; deben invitar con suavidad y brillo. el corte y decoración de las uñas depende de los deseos íntimos; las lesbianas se unen por las uñas.

la mirada: las lesbianas se clavan con la vista; se miran directamente y así se penetran. los ojos de lesbianas contienen la historia que jamás se cuenta. por eso es que indagan y reciben respuestas sin palabra alguna.

el andar: caminan con confianza; cada paso tiene un propósito que ya se ha determinado. no importa si andan descalzas o con botas o tacones. igual, hacen tronar la tierra bajo los pies y muchos le temen a su andar.

los atuendos: dicen que las lesbianas usan el vestuario que le pertenece a otros. pero como ellas son dueñas de sí mismas cualquier prenda que se pongan califica como vestuario de lesbiana. una lesbiana se puede vestir con Calvin Kleins o panties de encaje, con un abrigo de lana o una capa de Robin Hood, con tacones o botas de combate, con camisa de franela o falda hindú, con cuernos de diablo o con alas translúcidas. las lesbianas se visten como quieren.

los dedos: se clasifican como órganos vitales.

todas estas partes pueden existir aparte la una de la otra, pero tienen que estar todas presentes para formar parte de una les-biana.

LA MUJER Y LA LESBIANA: EL CUERPO Y EL ALMA

se habla mucho, en las escuelas donde se enseña el lesbianismo, de la diferencia entre una mujer y una lesbiana.

¿no son todas las lesbianas mujeres? y aunque no todas las mujeres son lesbianas ¿no es posible que cualquier mujer sea lesbiana?

y dado que hay mujeres que son lesbianas ¿cómo se diferencian estas lesbianas (que son mujeres) de las mujeres (que son o no son lesbianas)?

la cosa se complica cuando los términos empleados no son mujer y lesbiana, sino mujer y macha, manflora, maricona, tortillera, arepera, pata, patlache, invertida, jota, lila, pasiva, activa y cualquier otro montón de palabras que significan que una lesbiana no es una mujer.

pero ¿qué es una "mujer"? de acuerdo al Pequeño Larousse: *Hembra, persona del sexo femenino de la especie humana. 2. Persona adulta del sexo femenino de la especie humana. 3. Esposa.*

igual a las mujeres, las lesbianas son hembras y pertenecen al

sexo femenino.

igual a las mujeres, las lesbianas pueden ser esposas de les-
bianas o de no-lesbianas. una lesbiana puede ser la
"propiedad" de otra, si éste es su deseo. igualmente, lesbianas
pueden ser maridos, papis, dueños de su "mujer". o sea, una
lesbiana puede ser esposa, y también puede tener una esposa
(o varias).

una "lesbiana" es: *Mujer homosexual.*

una "homosexual" es: *Dícese de la persona que siente atrac-
ción sexual por individuos de su mismo sexo.*

las lesbianas, por definición, son mujeres. pero existen tremen-
das diferencias entre las mujeres y las lesbianas que jamás se
encuentran dentro de un diccionario.

suele decirse que las lesbianas tenemos el cuerpo de mujer
pero con alma de lesbiana.

así que las lesbianas sí son mujeres, pero la mayor parte de las
lesbianas son lesbianas.

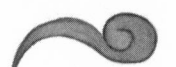

L@S OTR@S DE NOSOTR@S: ENTRE COMILLAS

hay "mujeres" que nacieron "hembras" que son "mujeres" "lesbianas".

hay "mujeres" que nacieron "hembras" que son "lesbianas" no-"mujeres".

hay "mujeres" que nacieron no-"mujeres" que se hicieron "mujeres" y son "lesbianas".

hay "lesbianas" que nacieron "hembras" y se hicieron no-"mujeres" (y siguen siendo "lesbianas").

hay "mujeres" que parecen no-"mujeres" y son no-"lesbianas".

hay "mujeres" que se bautizan "lesbianas" que también son no-"lesbianas".

hay "mujeres" que son casi-"lesbianas"—lo sueñan, lo intentan, pero no son capaces.

hay "lesbianas" que son Lesbianas.

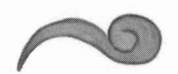

BITÁCORA DE LA LESBIANA

el camino hacia el lesbianismo implica renunciar al camino que ya estaba escrito. todo lo que debería ser y hacer se reemplaza con todo lo que da la gana.

en el fondo, ser lesbiana es un cambio de mano del poder. es cierto que el poder siempre nos pertenece, pero muchas veces se les permite a otros manejarlo. la lesbiana reclama su poder.

la ceremonia de iniciación al lesbianismo es un matrimonio con una misma. se camina sola hacia el altar, vestida con el traje de la piel. con cada paso se deja el destino que nunca fue propio y se acerca al que sí lo será. a la entrada de la puerta del lesbianismo se detiene. entonces se promete ser fiel a sí misma, se besa y se abraza su propio cuerpo.

así es que se entra, desnuda y enamorada, al lesbianismo.

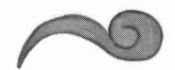

¿QUIÉN ES LA QUE DICE "YO SOY"?

decirlo de verdad—yo soy lesbiana—es declarar la huella que deja el hecho de ser lesbiana. como consecuencia, no hay campo para cuestionar. a nadie se le ocurre preguntarse: ¿será?

hablar de las que son, como si se estuviera contando algo aparte de lo que uno es, requiere distancia de una misma. a la vez, como las mentiras siempre se intuyen, la gente se pregunta: ¿será?

no es tan fácil distinguir entre la que dice "soy" y la que no dice nada. la que compra un ramo de claveles rosados en el supermercado para su amada es igual a la que lo recibe. una puede ser la que dice lo que es y la otra puede ser la que lo niega, pero dentro del acto de la flor y el amor, son lo mismo: lesbianas.

la que recibe las flores se acuerda de las dalias y margaritas que crecían en el patio de su tía cuando era niña. en los domingos preparaban varios ramos de flores para llevarlos a la tumba de la abuelita. atravesaba el pueblo con la tía mientras los ramos entre sus brazos le picaban la cara. a mitad del camino al cementerio paraban a tomar avena con buñuelos de los que

vendían en carritos ambulantes. ¡qué nostalgia! mientras tanto su amada espera un beso, algún apretón, y se imagina la noche de vino, música y pasión que van a vivir.

siguen siendo distintas en cuanto a lo que se dice o se miente pero en la cama, ambas son lesbianas.

la que dice que es, reclama su realidad; la que no dice reclama su infidelidad.

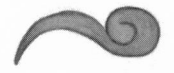

LAS FORMAS DE LAS LESBIANAS

ser lesbiana es una elección. al tomar esta identificación se eliminan las otras formas posibles; la ausencia de estas otras formas es lo que le da forma a la lesbiana.

ser lesbiana es un destino. al aceptar esta fortuna se eliminan las otras formas posibles; la ausencia de estas otras formas es lo que le da forma a la lesbiana.

las lesbianas dibujan su forma con las fronteras que mantienen a toda hora; son fronteras impenetrables.

la forma de la lesbiana es la pieza perdida del rompecabezas–es la pieza que jamás encuentra su lugar. como ella es dueña de su figura, la lesbiana no figura en el paisaje con el resto de las piezas.

por eso es que la lesbiana toma forma: porque es su propia propiedad.

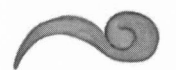

NOSOTRAS Y ELLOS

en el idioma lesbiano se dice que ellos: "se dieron cuenta", "fueron testigos de un abrazo", "vieron que había una cama para dos mujeres", "saben, y sabemos que lo saben", "no quieren saber y no queremos contarles".

estas son referencias de los otros que se fijan en nosotras.

en el idioma lesbiano se dice que ellas: "se jalaron los pelos", "se decidieron amar", "decidieron prohibir".

estas son referencias de nosotras sobre nosotras.

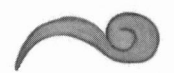

LOS OTROS, LAS OTRAS Y NOSOTRAS

los que inventan las leyes, los que controlan la prensa, los que construyen las escaleras del éxito económico, los que determinan los procedimientos permitidos con nuestros cuerpos, los que penetran sin permiso, los que juzgan—éstos son los otros.

las que siguen todas las leyes, las que le dan la última palabra a la prensa popular, las que se limitan a seguir los caminos que limitan su economía, las que hacen con su cuerpo nada más que lo que se les permite hacer, las que se dejan penetrar sin opinar, las que se dejan juzgar—éstas son las otras.

las que se inventan sus leyes, las que publican sus propias palabras, las que se salen del camino predeterminado para la sobrevivencia, las que deciden qué hacer con su propio cuerpo, las que penetran bienvenidas, las que no necesitan juez—éstas somos nosotras.

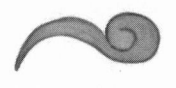

DIME CÓMO TIENES LOS LABIOS Y TE DIRÉ QUIÉN ERES

hay lesbianas duras.

éstas son las que se ponen los pantalones y a veces ni se los quitan. éstas son las peligrosas. las machas. las que se montan. las que cogen. las que muerden. las que penetran. las que dominan. las que todo el mundo sabe lo que son.

éstas son las más excitantes. saben entonar el deseo de una mujer. saben cómo hablarle a las tetas, cómo persuadir a los pezones. saben el significado de cada sonido. saben acariciar y agarrar y comer. saben engatusar gritos y calmar ansias. saben cómo endurecer una clítoris y además, saben qué hacer con ella.

hay lesbianas muñecas.

éstas son las de los labios rosados y las uñas rojas. son las maquilladas y perfumadas. las femeninas. las que se dejan montar. las que se dejan coger. las que se dejan morder, penetrar, dominar. las que no todo el mundo sabe lo que son.

éstas son las más excitables. saben soltar el deseo. saben cómo hablar con las tetas, cómo dar los pezones. saben calibrar cada

sonido. saben dejarse acariciar y agarrar y comer. saben gritar y llorar. saben cómo dejar que le endurezcan su clítoris y además, saben qué hacer con ella.

hay lesbianas arcilla.

éstas son las que se ponen los pantalones y se los dejan quitar. son las deportivas, las andróginas, la nueva generación. son las que se montan y se dejan montar. las que cogen y se dejan coger. las que muerden, penetran, dominan y se dejan hacer de todo también. las que todo el mundo cree, pero no está seguro de que son.

éstas son las más excitadas. cantan y bailan el deseo. se hablan con las tetas y se timbran de pezón a pezón. hacen ruidos y se acarician y se agarran y se comen simultáneamente. saben gritar y llorar, y saben hacer gritar y llorar a otra. saben endurecer y dejar que le endurezcan su clítoris y además, saben qué hacer con ella.

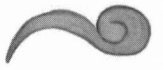

SOBRE LA LENGUA

¿por qué no admitir que la lengua es la mascota preferida de las lesbianas?

con la lengua se dice: "te voy a romper todita mami", "preciosa preciosa que te quiero diosa", "¿y esas tetas las mandaste a hacer para mí?".

con la lengua se hace: una bandeja entrepiernas, un jalón de cuerpo y alma, trueno y relámpago en la base de la garganta, un manjar privado, orgasmos múltiples, silencio como ojo de huracán, una orquesta sinfónica lesbiana.

con la lengua se dicen y se hacen muchas más cosas, ¿pero para qué contarlas todas?

datos sobre los hechos lengüísticos lésbicos se encuentran, sublingual, en los Archivos de la Lengua. las únicas que tienen acceso a estos documentos son las que meten la lengua.

es gracias a la lengua que existen las lesbianas, pero no es únicamente con la lengua que se hace una lesbiana.

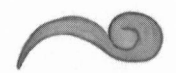

LA PENETRACIÓN

la lesbiana que penetra a su mujer corre el riesgo de perderse adentro; el sonido interno del volcán es un arrullo. ¿hasta dónde puede entrar?

la que abre las piernas y se deja penetrar también corre el riesgo de perderse adentro; la tienen cautiva en la libertad. ¿hasta dónde puede volar?

así es que las dos son prisioneras de la penetración.

es tan fuerte que hace llorar a cualquier mujer fuerte. la penetración derrumba rascacielos, derrite cerraduras, descubre verdades.

la penetración es un acto literario. con ella se escribe *La doctrina de la putería, La ley del deseo, Un nuevo catecismo de las piernas bien abiertas.*

la penetración es un acto bendito.

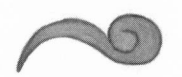

LOS DEDOS

increíble que con sólo cinco dedos en cada mano llegamos a la articulación de todas las palabras sonoras y casi todos los pensamientos.

increíble que sólo yendo de abierto a cerrado, de la boca abierta a la boca que se quiere abrir, consigamos darle sonido al sentir.

¡ah!. . . . ¡ay!. . . . ¡oooooo!. . . . . . . ¡uuuuuuuu!. . . . . ¡son tan pocos dedos y hacen tanto!

dentro de las lesbianas, las cosas pequeñas siempre se hacen grandes.

el arte lésbico es una cuestión de abrir y dejar entrar, de profundizar.

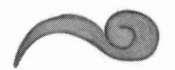

PICOTEAR

instrucciones:

primera: pasearse libremente por una lesbiana ya devorada. librarse de la linealidad que le impone razón al deseo. intuir las exigencias de la vagina.

segunda: detenerse en la mirada, el perfume, la temperatura, el silencio, la humedad, el momento pegajoso.

tercera: mirar qué andan haciendo los dos pezones, en qué se emplea la boca, cuál es el ritmo de la respiración, cómo hablan los dedos, cuál es la invitación entre los muslos.

conclusión: pasearse con el desenfado de una viajera por la piel de una lesbiana ya devorada conduce, inevitablemente, a la devoración.

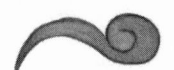

SENTIR Y VIVIR

los que piensan que se necesita "ser" para "creer" describen el camino inverso al que toman las lesbianas.

la lesbiana siente lo que es y cree suficientemente en lo que siente para serlo.

si fuera posible "ser" sin sentir, nunca llegaríamos al descubrimiento, la evocación o al vocabulario que vuela.

las que creen que primero "son" y después creen en lo que son, no toman en cuenta que uno no existe aparte de los sentimientos que acompañan al ser. "ser" sin sentir implica existir sin vivir. lo que no se siente no se vive.

solamente hay una manera de ser: sintiendo.

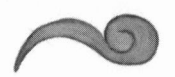

LAS CARAS DE LA GENTE

la cara de la gente que observa a las lesbianas es otra.

las lesbianas siguen siendo las mismas; los que las contemplaron, no.

pero las lesbianas recuerdan algo de las miradas. puede ser que las escudriñaron con ojos curiosos o les clavaron la vista con violencia; de pronto las siguieron con la mirada o simplemente las vieron.

cada persona que ve una lesbiana queda marcada: la lesbiana deja la huella de su pie sobre las caras de la gente.

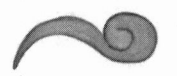

LITERATURA LESBIANA

los textos de las lesbianas se pasan de mano en mano y de boca en boca entre ellas mismas. se ubican sobre la piel, en la mirada, en la geografía de las palmas de las manos.

la literatura lesbiana se encuentra a pedacitos: en volantes, boletines, revistas, paredes, poemarios, notas, novelas, correspondencia electrónica, cartas de amor y desamor, pedacitos de papeles.

la literatura lesbiana también se encuentra en textos que aparentemente no tienen nada que ver con literatura ni con lesbianas: un recibo de American Express de una cena para dos en Café Aroma, los rastros de la envoltura de un preservativo rojo lubricado, el cartón de té de moras, un talonario de fósforos con "Lario's: Comida cubana en la Playa" en la portada y "llámame, querida" por dentro.

las lesbianas viven en casas con escrituras en la pared que alumbran el camino hacia ellas mismas. estos textos abundan pero no se ofrecen a los demás. por eso es que parecen tan escasas las letras lesbianas–porque existen dentro de y para las lesbianas.

la literatura lesbiana es una novela con gran éxito de venta que todas las lesbianas leen todo el tiempo.

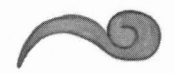

PARA QUE NO SE ME OLVIDEN LAS LESBIANAS

todas las lesbianas están hechas de mujeres que regresan a sí mismas.

las lesbianas que se nombran batallan para mantener su identidad intacta. no se contentan con existir: quieren estar ahí (en las revistas, las escuelas, los laboratorios, el cine, la literatura, las iglesias) y quieren llegar más allá (la historia, la huella, la memoria, el matriarcado).

las lesbianas insisten en documentar su lesbianismo.

así perseveran las lesbianas, repitiendo lo que son: lesbianas.

todas las lesbianas están hechas de mujeres que regresan a sí mismas.

SALIRSE DE LA TRIBU

las lesbianas forman una sociedad aparte.

aquí nos comunicamos en otro idioma, adoramos a nuestras diosas, nos inventamos nuestras propias leyes y valores.

creamos nuestra versión del paraíso: circulamos sobre valles verdes, bailamos al compás de ritmos musicales desconocidos, perfumamos el ambiente con nuestro olor salvaje.

siempre nos encontramos, siempre nos buscamos.

pero no todas podemos vivir todo el tiempo en este mundo aparte; a veces toca integrarnos a la realidad que no nos pertenece y salirnos de la tribu.

todas las lesbianas que nos salimos de la tribu encontramos la manera de seguir encontrándonos. seguimos unidas, siempre.

la tribu es tan grande como todas nosotras en todas partes, un lugar sin lugar, un hogar sin paredes, el único lugar donde pertenecemos. la tribu está hecha por cada una de nosotras.

la tribu es donde siempre nos encontramos, donde nos bus-
camos, donde nos unimos.

historia fenomenológica

SOBRE HISTORIA FENOMENOLÓGICA

*Para las duras: Una fenomenología lesbiana** nació en una clase. Yo estaba en mi primer semestre de un programa de creación literaria en la Universidad de Tejas en El Paso (UTEP) estudiando literatura mexicana, llenándome de escritores como Carmen Boullosa, José Emilio Pacheco, Enrique Serna, Carlos Monsiváis y Óscar de la Borbolla. Me caían super bien estos escritores; eran ingeniosos, irreverentes e inspiradores de una manera inesperada. Pero no me gustó la tarea principal de la clase—hacer una investigación sobre la crítica literaria de una obra contemporánea mexicana.

Soy escritora, no teórica, y leo desde el punto de vista de una escritora. No me importa como otra persona pueda interpretar algo que yo lea. Las palabras me entran una por una, gota por gota. Algunas flotan dentro de mi corriente sanguínea por un rato largo, algunas desaparecen inmediatamente, incapaces de penetrarme. Yo no las controlo. Cualquier palabra—la más picante, la que forma parte de una frase lírica, la que flota como algodón, la que me acerca a mi dolor—tiene oportunidad de ser parte de mí.

Yo no quería leer artículos aburridos sobre literatura. Quería escribir en español, conducir experimentos con el

lenguaje. Yo estudié en Colombia hasta el segundo grado, y decidí estudiar en El Paso precisamente para poder darme el lujo de hacer algunos de mis estudios en mi lengua materna. Le propuse a mi profesor que, en vez de hacer una investigación literaria, yo haría un experimento lingüístico creativo basado en un texto mexicano. Él requería un abstracto, entonces le entregué "Un abstracto abstracto". Él quería saber exactamente lo que yo iba a hacer, cual texto iba a usar y cuál sería mi procedimiento. Pero yo no le podía dar esos datos. Tarde o temprano llegué a un acuerdo con el profesor García: yo le entregaría mi trabajo en la última semana del semestre, y él no se iba a enterar del proyecto hasta ese preciso momento.

Yo no tenía la menor idea de qué iba a inventarme para esa clase.

La literatura mexicana que estaba leyendo era maravillosa. Me gustó la manera en que Carmen Boullosa usó una variedad de estilos en *La milagrosa*—narradores no-identificados, recortes de prensa, cartas, grabaciones, oraciones. Me acerqué instantáneamente a la narrativa de José Emilio Pacheco; leí *Las batallas en el desierto* como si se tratara de mi propia vida. Sentí envidia por la perversidad tan magnífica en *Amores de segunda mano* de Enrique Serna. Me quedé con la boca abierta con el *Nuevo catecismo para indios remisos* de Carlos Monsiváis—tan

inteligente, complejo y profano. Y *Las vocales malditas* de Óscar de la Borbolla—nunca me había imaginado hasta donde se podía estirar una vocal.

Pero había un libro con tono académico que no me entraba. Más bien, lo detestaba—*Zonas de la escritura* por Dante Medina. Las *Zonas* consistían de treinta y ocho observaciones, reflexiones, teorías y ecuaciones sobre el escribir. La escritura se presentaba desde el punto de vista de un científico en un laboratorio, alguien que observa sílabas bajo un microscopio, intentando deconstruir el rastro molecular de palabras y el impacto cósmico de la puntuación. Yo no entendía ni papa. Mi nivel de español no alcanzaba las palabras magas de Medina. Leer esa doctrina densa era un reto lingüístico; me tocó usar todos mis diccionarios para entenderla. Pero cuando finalmente logré "leer" *Zonas de la escritura*, quedé fascinada. Y de alguna manera ese texto horrible se metió dentro de mi piel, en mi corriente sanguínea y en mi proceso creativo.

Comencé a lesbianizar las *Zonas* como parte de un experimento creativo. Yo estaba jugando, como suelo hacer a veces cuando me inspiro. Pensé, ¿cómo sería hablar sobre el lesbianismo de la misma manera en que Medina habla sobre la escritura? Reemplacé conceptos literarios con conceptos lésbicos y, voilà— nació *Para las duras: Una fenomenología lesbiana*. Desconocía el

acto de lesbianizar antes de este experimento, así que no espera-
ba nada en particular, pero desde el momento en que lo intenté,
me pareció genial y perfecto para mi proyecto en el curso.

Fui inicialmente fiel al texto original—imité el tono
estéril, copié las primeras palabras o comencé por lesbianizar el
título. Por ejemplo, "La letra y el contenido, el cuerpo y el alma"
resultó en "La mujer y la lesbiana: El cuerpo y el alma". El
"Picotear" de las *Zonas* se trata de re-leer literatura, mientras que
el "Picotear" de las *Fenomenologías* se trata de re-excitar a una
mujer recién devorada. Pero mientras más lesbianizaba, más me
apartaba de las *Zonas*. A fin de cuentas, lo que importa cuando
uno escribe es tener una inspiración y una visión, y al darme eso,
las *Zonas* ya habían cumplido con lo principal. Después de todo
lo que lesbianicé, veinte y dos de las fenomenologías llegaron a
esta etapa final. Me acerqué a las *Zonas* durante este proceso y
llegué a apreciarlas más de lo imaginado; eran brillantes.

Escribí *Para las duras* con mucho cuidado, consultando
diccionarios y correctores de pruebas con más frecuencia de lo
usual. Pero me encantó hacerlo. Sentí que estaba descubriendo
algo mientras que lesbianizaba. Gocé del juego y de la ciencia de
mi experimento. Y logré viajar en mi mente al paraíso lésbico
que llevo dentro. Recordé la primera mujer que me encantó.
Estaba parada en un pasillo en el segundo piso del

Departamento de Música en Miami-Dade Community College. Fumaba. Al verla me detuve en frente de ella y la miré mientras que me echaba humo mentolado en la cara. Parecía una pequeña diosa. Tenía una chispa. Llegó a ser la primera mujer que amé. Ella y todas las mujeres fantásticas de mi vida me acompañaron mientras que escribí este libro.

Para las duras: Una fenomenología lesbiana fue escrito originalmente en español e inicialmente titulado "Zonas de las lesbianas". Fue mi primer escrito significativo en español; yo tenía algunos poemas y cuentos cortos en castellano, pero la mayoría de mi prosa estaba escrita en inglés. El manuscrito original fue criticado en un taller de creación literaria de Luis Arturo Ramos durante mi segundo semestre en UTEP en el departamento de español. Me fastidié por algunos de los comentarios en el taller—mis compañeros de clase criticaron la filosofía de mi "manifiesto" pero no la textura y la sintaxis de la obra. Ahí fue que me di cuenta de que las *Fenomenologías* eran geniales para entrar en una plática sobre el lesbianismo.

En el otoño de 1997 fui invitada a participar en un panel de prosa en el Segundo Coloquio Internacional de Creación Literaria Femenina, un congreso auspiciado por el Departamento de Lenguas y Letras de la Universidad Autónoma de Juárez. Crucé la frontera de Estados Unidos y México para el

evento y cuando llegué me sorprendí y horroricé al descubrir que Dante Medina iba a hacer una presentación. ¿Qué pensaría de lo que hice con sus *Zonas*? ¿Qué tal si fuera lesbofóbico o comemierda? ¿O si me condenaba por penetrar sus ecuaciones literarias con mi puño? Lo conocí en la recepción después del congreso; el estaba elegante, vestido con una larga capa negra. Yo estaba nerviosa—jamás le había copiado el estilo a ningún escritor y necesitaba su bendición creativa. Me tragué varias copas de tequila antes de confesarle mi crimen. Se echó a reir. Se emocionó con la idea y prometí enviarle las *Zonas* lesbianizadas por correo a México. En un par de semanas recibí su aprobación en un correo electrónico.

Igual a mucho de lo que he escrito, las *Fenomenologías* se archivaron por varios años, aunque no se me olvidaron. Yo no sabía qué hacer con ellas ni dónde publicarlas. No tenía un público de lesbianas latinas con quien compartirlas. Yo estaba sola en El Paso, lejos de la tribu de mujeres que protagonizaban mi fantasía lésbica. Entonces el documento se echó a dormir en algún cajón en mi casa.

En diciembre de 1998, durante las vacaciones del invierno, me fui a Melrose, un pueblo en el norte de la Florida, y alquilé una casa de madera grande y vacía para escribir por un par de semanas. Escribí unos cuentos en español y, por primera

vez, los traduje al inglés. Entonces se me ocurrió traducir las fenomenologías. Las compartí con amigas lesbianas y así tomaron vida de nuevo. (Mi traducción al inglés no es precisa, aunque hice el intento.) En 1999, durante mi último semestre en UTEP, la traducción fue criticada en un taller de creación literaria en el departamento de inglés. Yo pedí sugerencias para el título porque el de las *Zonas* me parecía aburrido. Leslie Ullman, mi profesora, me regaló la "fenomenología" del título.

"Para las duras" es otro cuento. Después de graduarme de UTEP con mi Maestría en Artes Finas, me mudé de El Paso, Tejas para Buffalo, Nueva York, donde me encerré en la universidad a estudiar bibliotecología. Mis proyectos creativos me esperaban y en el primer momento que tuve, me dediqué a resucitarlos. Saqué las fenomenologías de algún cajón y preparé el texto para publicarlo, haciendo multiples revisiones y correcciones de prueba. Cuando lo tenía en un estado casi "perfecto", sufrí una catástrofe electrónica—el disco duro de mi computadora se reformató y perdí todo el trabajo creativo que había logrado en Buffalo. Tenía copias de mucho de mi trabajo en papel y tenía versiones electrónicas anteriores de algunas cosas, incluyendo las fenomenologías. De nuevo revisé el manuscrito y lo trabajé hacia la perfección requerida para publicación.

Pero el título no me convencía. Ya me había dado cuen-

ta que "fenomenología" es una palabra delicada para un título—la connotación académica excita a algunas y repela a otras. A mí me encanta la academia y este libro encaja bien en cursos de estudios de mujeres y teoría queer, pero yo escribí las fenomenologías para las lesbianas—precisamente para lesbianas latinas. Por eso había modificado el título para que la "fenomenología" fuera yuxtapuesta con el ensueño de ser lesbiana. El título—*Fenomenología lesbiana: Una fantasía poética*—me parecía justo para la idea de este libro.

"Para las duras" es el resultado de amistad, buena suerte y proyectos creativos que lo consumen a uno hasta cualquier hora de la noche. Yo estaba sentada al frente de la computadora con Kim Meyerer, la artista gráfica. Ella había diseñado docenas de portadas para el libro y yo las estaba viendo por primera vez. Me fijé que Kim había puesto "para las duras" en inglés debajo del título en algunas de las portadas. Pensé que era un error; el libro está dedicado "para las duras" y ella quizás había copiado las palabras por equivocación. Pero no fue así. "Es que me gustó", dijo Kim. Estaba jugando, buscando la manera de darle algún sabor distinto a la portada. Entonces entró la novia de Kim al cuarto.

"Para las duras" dijo Garland. "Ese debería ser el título". Kim seleccionó el título y lo reemplazo con "PARA LAS

DURAS". Inmediatamente me pareció preciso y brillante. Pero era casi la una de la mañana y no me sentía capaz de hacer un cambio tan radical. Además no sabía si ese título tendría tanta resonancia en español como en inglés. Me acosté pensando en las duras. "Las duras" fue un descubrimiento que me llevó a mí misma. "Las duras" me transformaron, me dieron mi propia forma y me siguen inspirando a diario. "Las duras" me prenden, me mantienen a la alerta y a la espera. "Las duras" se lo merecen todo, hasta este modesto título.

No sé cómo clasificar estas fenomenologías. Las han llamado poesía, prosa, prosa poética, no-ficción creativa, una colección de aforismos, un manifiesto, una constitución lesbiana, un anhelo. Pero no hace falta clasificarlas. *Para las duras* es serio y juguetón y utópico. Este libro explora distintos aspectos del lesbianismo, desde las uñas hasta la filosofía. Es una fantasía poética del matriarcado. No es un documento definitivo, sino un texto que continuará tomando forma. Y espero que viaje debajo de la piel, dentro de la corriente sanguínea, de las que más lo necesitan.

tatiana de la tierra
14 de septiembre de 2002, buffalo, nueva york
escrito originalmente en inglés.

* escrito 25 de novembre de 1996, el paso, tejas. traducido al inglés 20 de diciembre de 1998, melrose, florida.

UN ABSTRACTO ABSTRACTO

puede ser un milagro maldito, una zona rosa, una batalla del
derecho, un viejo abecedario para niñas caprichosas, o una mujer
con telaraña en el pecho. igual puede ser ninguna de estas cosas.
con todos los derechos poéticos declaro: ¡por ésta selva no se
mete nadie! así es que se juega al escondite con este abstracto: el
resultado del proceso creativo se dará a conocer cuando la mujer
araña termine de tejer.

SOBRE LA AUTORA: TATIANA DE LA TIERRA

Nació en Villavicencio, Colombia, América del Sur el 14 de mayo de 1961.

Era dulce, tierna, obediente y amorosa.

Emigró a Mayami, Florida en 1968.

Se emputó para siempre.
Se volvió roquera y marihuanera.

Se graduó de South Dade Senior High en Homestead, Florida en 1979.

Se transformó en una hippie.

Se graduó de Miami-Dade Community College con un Associate in Arts en 1981.

Se enamoró de una mujer salvaje.
Se convirtió en una mujer salvaje.

Se graduó de la Universidad de la Florida con un Bachelor of Science en psicología en 1984.

Se convirtió en una lesbiana odia-hombres.
Se hizo masajista.
Se hizo prestamista.
Se hizo gitana.
Se hizo una femme con botas de combate.
Se hizo editora.
Se hizo activista.

Se hizo salsera.
Se hizo hedonista.
Se hizo escritora.
Se hizo pobre.

Se hizo ciudadana de los Estados Unidos de América en 1995.

Todavía estaba emputada.

Se graduó de la Universidad de Tejas de El Paso con una Master of Fine Arts en creación literaria en 1999.

Se hizo profesora.
Se hizo escritora con credenciales.
Se hizo pornógrafa.

Se graduó de la Universidad de Buffalo en Nueva York con una Master of Library Science en 2000.

Se hizo bibliotecaria.

Y la moral de este cuento es: una niña emputada se hace lo que le da la gana.

SOBRE LA ARTISTA: MAYA GONZALEZ

matriz maricona
fenómena de los ríos
chicana de fuego
viaja
parada en el mismo lugar
pintando
oraciones extáticas
aperturas celestiales
enseñanzas
fantasmas
pintando
hacia arriba, hacia afuera
pintando
silencio en San Francisco.

"Oración de humo" es una pintura sobre ceremonia que aplica el sentido antiguo
de humo como maestro. "Esta pintura viene de mi vida. Es una de las pocas que se
parecen a mí; ese es mi tatuaje verdadero. Me recuerda que existo simultáneamente
en el plano físico y espiritual. Que soy cielo y planta aprendiendo a liberarme a
través del fuego. Es una pintura de poder que me hace conciente de quién yo soy y
qué hago aquí." -- Maya Gonzalez

www.mayagonzalez.com

MIL GRACIAS

A mis correctores de pruebas y asesores literarios: Martha Treviño, Beatriz Arellano, Margarita Castilla, Roberto Tejada, Luis Aguilar-Moreno, Lorna Perez, Flora Maria Uribe, Jaime Riascos, Hector García, Roberto Lopez, Olga García y mis compañeros de estudio en las clases de creación literaria en los departamentos de inglés y español en UTEP.

A amig@s que contribuyeron opiniones valiosas sobre el título, el texto y el diseño durante el tiempo en que se maquinaba este libro: Juana Maria Rodriguez, Ernesto Martínez, M. Renee Prieto, Carmen Corrales, Alex Flores, Alma Lopez, Masani Alexis De Veaux, Aprille Nace, Marcia Ochoa y l@s escritor@s berrac@s del Salón de Belleza.

A mis profesores en UTEP: Fernando García Núñez, Luis Arturo Ramos y Leslie Ullman.

A Dante Medina, autor de *Zonas de la escritura* (Jalisco, México: Universidad de Guadalajara, 1994), por la inspiración.

A Albalucía Angel, autora de *Las andariegas* (Barcelona: Editorial Argos Vergara, 1983), por el encanto.

A Maya Gonzalez por el arte.

A Kim Meyerer por las gráficas.

A Garland Godinho y Kim Meyerer por "para las duras".

A Patricia Pereira-Pujol por la edición.

A Judith Hopkins por ayudarme a catalogar.

A los mejores bibliotecari@s de todo el mundo en la Biblioteca de Undergraduates en la Universidad en Buffalo, por la solidaridad.

A Andres Tangarife y Gloria Eugenia Tangarife por ser mi familia.

A mi mamá, Fabiola Restrepo, por siempre dejarme ser la persona que soy.

A mi hermano, Gustavo Alberto Barona, por el apoyo económico que me permitió ser una lesbiana internacional y por siempre ser tan chévere.

A Manu, el hombre eléctrico, por la ciber-fantasía.

A todas las mujeres que me amaron y me aguantaron todos estos años, por lo que no se nombra.

A los Chibchas, a mis antepasad@s, a mis abuelitas y a Colombia, por la fortuna.

A Margarita Castilla, por la musa.

A El Salón de Belleza, por la alegría.

A Ochún, por el placer.

ESCRITOS ADICIONALES DE TATIANA DE LA TIERRA: UNA BIBLIOGRAFÍA SELECCIONADA*

"Achy Obejas: She Came All the Way from Cuba so She Could Write Like This." *conmoción* 1 1995: 12-13.

"Activist Latina Lesbian Publishing: *esto no tiene nombre* and *conmoción*." *Aztlán* 27: 1 (2002): 139-178.

"Aliens and Others in Search of the Tribe in Academe." *This Bridge We Call Home: Radical Visions for Transformation*. Ed. Gloria Anzaldúa and AnaLouise Keating. New York: Routledge, 2002. 358-368.

"Andres." *The Fountain* May 1993: 44.

"Argentina: Lesbian Visibility." *Ms.* May-June 1991: 16.

"Azúcar y Crema: Some Spicy Salsa." *Deneuve* Jan.-Feb. 1994: 14-16.

"El baile." *Herotica* 7. Ed. Marcy Sheiner and Mary Anne Mohanraj. San Francisco: Down There Press, 2002. 39-48.

"El bautizo." *Poesía erótica lésbica: Compilación de la Primera Convocatoria*. Serie visibilidad. México, D.F.: Prensa Editorial LesVoz, 2000.

"Big Fat Pussy Girl." *The Vagina Dialogues: A Queer Review*. Disco compacto. Buffalo: Hag Theatre, 2001.

"Birth Smell." Reseña de *Waiting in the Wings* por Cherríe Moraga. *The Lesbian Review of Books* Summer 1998: 22.

"Blood on the Roses." *Flyway Literary Review* 5.3 (2000): 79-82.

"Bringing Myself with Me." *Outlines* Nov. 1993: 40.

"Carmelita Tropicana: Her Kunst is Her Waffen!" *conmoción* 1 1995:

31.

"Casamiento." *Raza Spoken Here* Volumen 2. Disco compacto. San Diego: Calaca Press, 2000.

"Celestial Bodies." *Gynomite: Fearless Feminist Porn.* Ed. Liz Belile. New Orleans: New Mouth from the Dirty South, 2000. 36-42.

"Cherríe Moraga: Cultural Activist, Writer & Mom." *conmoción* 1 1995: 6-7.

"Chocolate." *Perra! La Revista* Nov. 1995: 14-15.

"Chocolate Cake." *The Second Coming.* Ed. Pat Califia and Robin Sweeney. Los Angeles: Alyson, 1996. 306-310.

"Coming Out and Creating Queer Awareness in the Classroom: An Approach from the US-Mexican Border." *Lesbian and Gay Studies and the Teaching of English: Positions, Pedagogies, and Cultural Politics.* Ed. William Spurlin. Urbana: National Council of Teachers of English, 2000. 168-190.

"Cuéntame: una charla anónima." *Confidencial* Nov.-Dec. 1993: 13-14.

"Dancing with Daisy." *Gynomite: Fearless Feminist Porn.* Ed Liz Belile. New Orleans: New Mouth from the Dirty South, 2000. 30-35.

"De Ambiente." *Compañeras: Latina Lesbians.* Ed. Juanita Ramos. New York: Routledge, 1995. 86-87.

"El día que aprendí a rezar." *esto no tiene nombre* 1.3 Spring 1992: 12.

"Eye of the Hurricane." *Pillow Talk II: More Lesbian Stories Between the Covers.* Ed. Lesléa Newman. Los Angeles: Alyson, 2000. 93-104.

"From the Republic of Generación Ñ." *Cantos al Sexto Sol: An Anthology of Azlanahuac Writings.* Ed. Cecilio Garcia Camarillo, Roberto Rodriguez, and Patrisia Gonzales. San Antonio: Wings Press, 2002. 247-250.

"The Gift." Traducción de "El regalo" por Fabiola Restrepo. *Out in All Directions: The Almanac of Gay and Lesbian America.* Ed. Lynn Witt, Eric Marcus and Sherry Thomas. New York: Warner, 1995. 311-312.

"The Home That Is a Shadow in My Soul." *Chasing the American Dyke Dream: Homestretch.* Ed. Susan Fox Rogers. San Francisco: Cleis, 1998. 201-207.

"Jail Time for Beginners." *Women on the Verge: Lesbian Tales of Power and Play.* Ed. Susan Fox Rogers. New York: St. Martin's, 1999. 153-162.

"Juego." *The Second Coming.* Ed. Pat Califia and Robin Sweeney. Los Angeles: Alyson, 1996. 224.

"Latin American Lesbian-Feminists Together in México." *Visibilities* Sep./Oct. 1988: 8-11.

"A Latina Lesbian Activist's Survival Guide–o mejor dicho, activism de-mystified, de-glorified and de-graded." *Latino Heretics.* Ed. Tony Diaz. Normal, IL: Fiction Collective Two, 1999. 64-74.

"A Latina Lesbian Combat Femme." *The Femme Mystique.* Ed. Lesléa Newman. Boston: Alyson, 1995. 133-135.

"Latina Lesbian Literary Herstory: From Sor Juana to *Days of Awe.*" *The Power of Language: Selected Papers from the 2nd REFORMA National Conference.* Englewood, CO: Libraries

Unlimited, 2001. 199-212.

"Latina Lesbians in Motion." *The New Our Right to Love: A Lesbian Resource Book.* Ed. Ginny Vida. New York: Touchstone, 1996. 225-229.

"A Lesbian Journey Through the Fog." *Viva Arts Quarterly* 1995: 15-16.

"A Letter from Colombia, Written in the Sand." *El Andar* Winter 2000-2001: 43-45.

"Mercedes Sosa Wins." *New Times* Oct. 1991: 62+.

"The Music of Ana Gabriel." *Colorlife!* Oct. 1992: 20-21.

"Neurotic Love Letters." *Between Us.* Ed. Kay Turner. San Francisco: Chronicle. 1996: 88-89.

"Never." *Queer View Mirror: Lesbian and Gay Short Fiction.* Ed. Karen X. Tulchinsky and James Johnstone. Vancouver: Arsenal Pulp, 1996. 80.

"Oh Beautiful America." *The Graduate Quill* Oct. 2001: 11.

"Palabras." *Viva Arts Quarterly* Spring/Summer 1994: 19-20.

"Politics, Pleasure and Latinas at Michigan." *Lesbian Contradiction, A Journal of Irreverent Feminism* Sept. 1992.

"El Power y la Palabra," *Utah Foreign Language Review* (1997): 91-94.

"Prisoner of Hope: Gustavo Álvarez Gardeazábal." *El Andar* 12.1 Spring 2001: 50-53.

"Rebirthing." *Journal of Internal Medicine.* 13.9 (1998): 650-653.

"Sebastian." *Mid-American Review* 21.1 (2001): 56-62.

"Seis maletas." *Raza Spoken Here* Volumen 2. Disco compacto. San Diego: Calaca Press, 2000.

"True Cunt Stories." *Hot & Bothered: Short Short Fiction on Lesbian Desire.* Ed. Karen X. Tulchinsky. Vancouver: Arsenal Pulp, 1998. 128-130.

"La Violencia." *Cimarron Review* 125 (1998): 27-37.

"Weave-talk." Co-written with Amy Concepcion. *Sinister Wisdom* Winter 1993-1994: 9-13.

* La mayoría de los títulos en esta lista son ensayos y cuentos escritos en inglés; algunos son poemas, algunos son entrevistas y dos son grabaciones.

Para que no se me olviden las lesbianas.